FAVANNE,

ADMINISTRATEUR-ADJOINT DES SUBSISTANCES,

AUX 48 SECTIONS,

Prenant le fait & cause de GARIN, *son Collégue, attaqué dans un second Libelle de deux Ex-Commis, expulsés par lui pour motif de défaut de confiance.*

Comment avez-vous pu me tromper, vous en qui je mettois toute ma confiance? Si, dans le temps que je me mêlois des Magasins, je me fusses apperçu de vos menées, je me serois comporté, à votre égard, encore bien plus sévèrement que n'a fait le Citoyen Garin. *Lettre de Cousin, Administrateur des Subsistances, à Chaudouet & Bouchot...... 28 Février, l'an 2 de la République.*

CITOYENS,

L'ADMINISTRATION des Subsistances est si importante pour le Peuple de Paris, qu'il est à croire qu'un des succès, que convoitent le plus ardemment les ennemis de cette précieuse Cité, est celui de parvenir à enlever la confiance publique à des Administrateurs qui ont peut-être le droit de s'énorgueillir de l'avoir méritée. Il seroit, ſans doute, très-agréable à tous les partiſans de cette ligue mal-veuillante de pouvoir faire paſſer cette confiance dans des mains traîtreſſes ou tout au moins inexpertes, pour hâter la préſence des maux déſolateurs, dont l'aſpect, en raiſon du dégré de leur haine contre la Patrie, combleroit leur coupable jouiſſance.

Voilà ce qui explique comment tous les moyens ſont trouvés bons pour décrier les hommes chargés du ſoin honorable & difficile de procurer le pain quotidien à 800 mille bouches. Ceux, qu'il ſeroit ſi utile que rien ne vint diſtraire des attentions qui ſe multiplient à l'infini dans un auſſi délicat emploi, voient ſans ceſſe leur route ſemée d'obſtacles qui les mettroient en défaut, ſi l'être probe, fort de ſa droiture, ne ſavoit ſe mettre au-deſſus de tous les efforts contre lui, qui n'ont pour appui que la fauſſeté, & ne ſavoit pourſuivre ſa marche ſans être effrayé du nombre des impoſtures, qu'il peut conſtamment dévoiler toutes, par la ſeule oppoſition des faits de ſa conduite entière.

Citoyens, je ne connois intimement Garin que depuis peu de temps, depuis le commencement de Mai dernier, où la maladie de Couſin, ſon Collégue aux Subſiſtances, a mis le Conſeil général de la Commune dans le cas de m'adjoindre à lui dans cette adminiſtration. La ſévérité connue de mes principes ne me rendroit pas propre à le défendre ſi je lui connoiſſois des torts, & ceux qui me connoiſſent ſavent que, capable de dénoncer mon père s'il trahiſſoit la choſe publique, je n'euſſe pas balancé à dénoncer auſſi Garin, ſi j'euſſe reconnu dans ſa geſtion le moindre acte répréhenſible; mais cette même ſévérité, qui caractérise une sorte d'attachement tendre pour tout ce qui est juste & honnête, me décide à me porter pour champion, dans l'occasion d'attaque qui se présente, de ce digne Administrateur, dont on connoîtra bientôt en détail toutes les opérations, & qu'on appréciera en raison de l'importance des services que son intelligence, & son amour exclusif du bien, lui ont fait, & font encore rendre à ses Concitoyens.

Je dois encore observer ici que je ne me constitue le défenseur officieux de Garin, que parce qu'il a dédaigné de répondre lui-même à la virulente diatribe dont je vais faire la réfutation. Ma conduite est au grand jour, dit-il : qu'on l'examine; je ne crains pas les regards de tous ceux qui voudront y voir. Quelle attention veux-tu qu'on fasse aux cris délirants de ces deux énergumènes, qu'on verra parfaitement qui ne font tout ce tapage que pour se venger de la perte de leur place, dont on fait bien que je ne les ai privés que pour suffisante cause?

Garin, la malignité saisit tout. Il importe que ta réputation ne puisse pas même rester soupçonnée. Si tes devoirs de surveillance ne te laissent point le tems de réfuter cet amoncelage d'inculpations dont on te charge, confies-m'en le soin, j'en fais mon affaire. Telle fut la courte conférence d'après laquelle mon Collégue consentit à me donner quelques éclaircissemens, qui, joints aux connoissances que j'avois déjà sur toute sa conduite administrative, me mirent en mesure de pouvoir établir la justification que voici.

FAITS.

Garin expulſa, vers le commencement de Mars dernier, de celui des Magaſins des Subſiſtances de la Commune, établi rue de Seine S.-Victor, *Bouchot*, qui en étoit le gardien, & *Chaudouet*, qui y occupoit la place de contrôleur. Le motif réſultoit d'un fait d'abus de confiance des plus graves, manifeſtement reconnu, & à eux honteuſement reproché par l'adminiſtrateur Couſin, ſuivant ſa lettre de laquelle j'ai extrait mon épigraphe.

Ces deux perſonnages, qui auroient du ſe féliciter d'en être quittes pour la peine de dégradation, ne s'aviſèrent-ils point de citer devant les Tribunaux le Citoyen Garin? Suivant les efforts d'imagination développés dans leurs concluſions, il étoit impoſſible aux Juges de ne point le condamner... à les réintégrer dans leurs places.

Aux argumentations admirables de l'exploiteur qui avoit libellé la demande, laquelle eût fait fortune dans l'ex-régime, ou du moins y eût donné lieu à un bon procès interminable, Garin, qui vouloit encore ménager les deux deſtitués, ſe contenta de leur oppoſer cette ſimple maxime : *La confiance ne ſe commande pas.*

Mis hors de cauſe par cette courte défenſe, ils ſentirent quel avoit été le ridicule de leur attaque. Dès-lors, changeant de batteries, ils crurent choiſir le meilleur ſecret de vengeance, en bâtiſſant une bonne diatribe pour tenter d'apitoyer le Peuple ſur l'*injuſtice révoltante* du renvoi dont ils éprouvoient la peine. Dans cette diatribe, les injures & les diffamations contre Garin, au lieu d'y être épargnées, en remplissoient presque exclusivement les 22 mortelles pages dont l'œuvre étoit composé. La répétition des mêmes sotises s'y trouvoit seulement variée par quelques différences d'arrangement des mêmes termes, & de distance à autre, par des invectives plus saillantes qui étoient les patenôtres du chapelet.

Le mépris & le ridicule versés à dose suffisante sur ces grossièretés de nos modernes Zoïles, fut encore tout ce que leur opposa Garin. Comme ils n'avoient pas rougi d'envoyer leurs 22 pages de turpitudes aux 48 Sections, Garin y répondit par 4 pages seulement, où il se borna à faire connoître aux Sections quels étoient les expulsés & les motifs de l'expulsion; ajoutant, au reste, que les fonctions de sa place étoient trop importantes pour lui laisser le loisir de répondre en détail à une litanie d'injures, qui ne l'empêcheroient point de continuer de marcher avec la hache aux abus, & de s'occuper de pouvoir fournir Paris abondamment de pain, & de bon pain.

Nos bureaucrates champions prirent occasion de-là de s'escrimer de plus belle, & ils viennent d'imprimer encore & d'envoyer aux Sections un nouvel écrit de huit pages *in*-4°, intitulé : *Réplique à Garin*, &c., dans lequel ils ne parlent presque plus de leur affaire; mais où ils s'attachent à forger, contre mon digne Collégue, une chaîne de faits diffamatoires, qui donnent lieu à la tâche dont j'ai déduit en commençant les motifs qui me l'ont fait entreprendre. Il s'agit, en ce moment, de fixer une démonstration, qui ne laissera point à douter que tout l'historique de ces libellistes n'est qu'un tissu constamment mensonger & imposteur.

On commence par reprocher à Garin, d'avoir *quarante agents*, pour négocier ses achats. Je n'ai besoin que de mes connoissances personnelles, pour affirmer qu'il n'en existe que *quatre*, que Garin n'a pas nommés; mais bien le Corps Municipal, auquel le droit en est réservé.

On jette des doutes *sur l'état des farines dans les magasins*. Quelqu'un s'est-il déjà plaint, comme en 89, au tems des Necker, d'avoir mangé de mauvais pain? Non, & les visites journalières que je fais avec mon collègue, dans les magasins, m'assûrent qu'aucune partie de farine n'y est gâtée ni en danger de l'être, en raison des soins & de l'ordre extrêmes qui y règnent.

On voudroit, dit-on, *voir suivre les gradations & augmentations du prix des marchés de chaque agent, & les comparer les uns aux autres aux mêmes époques des achats.* Toutes les fois que, pour assûrer l'approvisionnement, Garin a été obligé de forcer de prix, je sais qu'il a toujours eu soin de faire part, soit au Bureau Municipal, soit au Corps Municipal, de l'augmentation des marchandises. Et lors de la trahison de Dumourier, le Bureau Municipal se ressouviendra que l'Administration des Subsistances fut sollicitée, par un particulier, pour acheter près Nantes, à un ancien maître de poste, 800 sacs de farines à 38 liv. du sac plus cher que le cours d'alors: chose qu'on lui présentoit comme très-avantageuse, dans la circonstance où, menacés de la marche de Dumourier sur Paris, l'on nous maintenoit que l'abondance seule de cette ville pourroit la sauver; & que ce ne fut que sur les explications rassûrantes de Garin au Bureau Municipal, & sur les ressources qu'il démontra que la Commune avoit encore à sa disposition, que ce marché onéreux ne fut pas consommé.

On se plaint du reproche fait publiquement par le C. Garin, aux deux agents congédiés, *du vol*, à eux attribué, *d'une voiture de farine en sacs de 217 livres, & d'avoir été emprisonnés pour ce louable exploit.* Ce n'est que sur l'interpellation faite à Garin, en assemblée générale de la section des Sans-Culotes, s'il avoit connoissance de ce fait, qu'il dit qu'effectivement il en avoit entendu parler, & qu'il répéta l'historique du fait qui causa l'emprisonnement; qu'il donna même le nom du citoyen qui avoit fait l'arrestation; lequel, *Bouchot* & *Chaudouet* connoissoient si bien, qu'en sa présence ils n'osèrent point lui répliquer. Ce citoyen est *Olivier Meurine*, dont je parlerai & que je ferai particulièrement connoître plus bas. Il est prêt à rendre compte, à quiconque voudra l'entendre, comme toute la chose s'est passée, & à dire tout ce qu'il sait sur le chapitre des prouesses des deux illustres.

Ils font valoir la quantité, *immense*, prétendent-ils, de grains & farines qui, durant leur gestion, est entrée, par leurs soins, dans les magasins, & ils affirment qu'à leur sortie, *il restoit 2137 sacs.* 2137 sacs! c'est-à-dire, Citoyens de Paris, tout au plus pour votre subsistance d'un jour. Ceci prouve donc en faveur de l'intelligence, de la sage prudence & des connoissances administratives, dans sa partie, du citoyen Garin. Parisiens! ne perdez pas ce moment de vue. Garin, prenant au 28 Février, l'administration des subsistances; ne trouvant, dans le plus conséquent des magasins, que pour l'approvisionnement d'un jour; la Commune, sans argent & sans crédit; au moment le plus défavorable pour les achats, à cause des femailles de mars, où les grains augmentent toujours de prix & deviennent plus rares sur les marchés : & cependant trouvant le fecret de vous nourrir, fans même permettre que vous éprouviez la moindre fecouffe. Il faut avouer qu'il entre ici quelque chofe d'un peu fupérieur aux talents tant vantés de ce *Jofeph*, l'adminiftrateur des fubfiftances de l'Egypte, qui ayant eu le bonheur de faire un de ces rêves qui l'avertiffoient de tout à point nommé, vit clairement venir de loin les fept années d'abondance & de ftérilité, & n'eut que la peine d'accaparer tout dans le bon tems, pour faire enfuite exclufivement le monopole au profit de feu Pharaon.

M'attacherai-je à relever cette épigramme lancée fi agréablement *à propos du grand nombre d'Employés qu'a placés Garin, entre lefquels eft comprife une femme, qu'il favorife?* *Reine Audu*, héroïne de la Révolution, a été recommandée à Garin, par le Corps Municipal. Un arrêté le chargea de la placer. Il crut devoir s'empreffer d'acquitter la dette de la Commune envers cette valeureufe amazone, & il la nomma *Infpectrice* au magafin rue de Seine. Lui & moi nous la vîmes toujours faire fi fupérieurement fon devoir, *& le fabre à la main*, qu'il n'y a qu'à fe féliciter de la promotion en fa faveur. Du refte, Reine Audu, guerrière républicaine, digne d'une toute autre admiration que la pucelle de cet illuminé & diffolu Charles VII, n'eft point faite, non plus, pour balancer avec celle-ci la comparaifon des penchants. Notre héroïne démocrate, en fe vouant aux grandes vertus de l'efpèce mâle, s'eft prefque identifiée avec tout ce qui en reffort,

& elle paroit avoir dépouillé tout ce qui eſt de ſon ſexe, au point que juſqu'à ſes traits, ſa figure, ſemblent auſſi avoir pris une forme mâle. Il ſuit de-là que Reine Audu, qui a une excellente mine ſous le coſtume grenadier & ſous le ton & l'expreſſion analogues, n'inſpire rien du tout ſous d'autres rapports. Garin ne la favoriſe pas.

Il eſt de ces prétentions abſurdes de la morgue qui aveugle, plutôt que de l'impéritie qui déraiſonne, dont il ſuffit de les faire paroître pour qu'on ſoit frappé de leur ridicule. C'eſt bien une telle prétention que celle où nos athlètes ſoutiennent contre Garin qu'il a eu tort d'invoquer ſa reſponſabilité pour motiver leur expulſion étayée ſur le défaut de confiance. *En ſa qualité d'Adminiſtrateur*, diſent-ils, *il n'a qu'une reſponſabilité ſecondaire*, *& eux*, *en leur qualité d'agents ſous les titres de Garde-Magaſin & de Contrôleur*, *ils ſont chargés de la première & principale reſponſabilité.* On n'a jamais permis d'inſulter plus fort que cela au bon-ſens.

Viennent actuellement les imputations ſur les individus que Garin a placés depuis ſon entrée à l'Adminiſtration.

1° *Il fait faire*, diſent les Accuſateurs, *les achats de grains & farines par ſon oncle Vautrain.* Vautrain n'eſt pas l'oncle de Garin, & ſes grandes connoiſſances dans la partie des achats, jointes au crédit infiniment étendu dont il jouit parmi les Laboureurs & les Meûniers, ſont les ſeuls motifs qui aient déterminé le choix ſur lui, de préférence à tous autres.

2° *Fleury*, *ſon beau-frère*, continuent-ils, *eſt Garde-Magaſin de la rue du Temple*, & c'eſt-là le ſeul crime qui lui fait mériter d'être déchiré à belles dents. — *Fleury*, garçon intelligent, ayant des connoissances dès son plus bas âge dans le commerce des moutures, ayant essuyé de grands malheurs dans son état, pourtant homme de probité, sévère dans sa conduite, bon mari & bon père, méritoit cette place.

3° *Garin, son cousin germain*, poursuivent ces généalogistes, *remplit le pareil poste rue de Seine S.-Victor : sa femme est en même-temps factrice à la Halle, & continue toujours son état de Boulangère.* — Voici la vérité. Garin, patriote avant & depuis la Révolution, ayant perdu par elle un établissement au moins de 40 mille livres qu'il a sacrifié avec un dévoûment exemplaire ; père de onze enfants, dont dix filles & un garçon ; presque réduit à la misère, méritoit encore cette place : qu'il a moins obtenue de l'administrateur son parent, que du Corps Municipal, dont les membres, consultés à cet égard, répondirent que ses sacrifices à la révolution & son honorable pauvreté étoient des titres trop recommandables pour ne point lui accorder l'emploi qu'il sollicitoit. Sa femme, respectable, courageuse & patriote, a cédé sa maison à deux de ses filles ; elle les surveille seulement, & il est très-vrai qu'elle est factrice.

4° *Un autre Boulanger*, disent-ils encore, *est le Contrôleur de ce magasin, & sa femme va être aussi nommée Factrice.* — Je répondrai que ce Contrôleur est *Huchon*, patriote encore bien avant la Révolution ; Sapeur du Bataillon de la Section de la Fontaine de Grenelle ; connu de tout ce qu'il y a de patriotes pour avoir abbatu, dans le Palais des tyrans, cette cloison insultante qui séparoit les Gardes de Louis le guillotiné d'avec les Citoyens de la Garde-Nationale; homme qui, sans fortune en commençant son état de Boulangerie, étoit parvenu à avoir dans ses magasins 500 facs de farines qui ne devoient rien à personne, & les perdit généreusement par ses énormes sacrifices également faits pour la Révolution. Sa femme n'est & ne sera point factrice; ses malheurs & les vertus civiques dont elle est de moitié avec son époux, lui mériteront peut-être une autre place.

5° *Bétout*, selon nos critiques, *est parent de Fleury*, & c'est un motif d'exclusion pour sa place *au magasin de la Salpêtrière, qu'il tient en sous-ordre.* Garin assûre qu'il a toujours ignoré que Bétout fût le parent de Fleury, & qu'il ne le connoit que sous les rapports de ci-devant Boulanger, rue de la Vannerie, créancier de la Municipalité, jetté dans l'arriéré des dettes de la Commune pour 12 mille francs de primes, & pour frais par lui faits pour achats de farines fournies en 89 & 90. Il est bon d'ajouter qu'il est aussi père de onze & bientôt de douze enfants.

6° Enfin, *Olivier Meurine*, au dire des deux infatigables diffamateurs, *ne doit point donner assez de confiance pour tenir le magasin de la Place-aux-Veaux, qu'il dirige aussi en sous-ordre*; & cela parce qu'ils l'accusent de n'être qu'*un ex-Volontaire de la Bastille & un ex-Domestique*, & qu'ils prétendent qu'*il a mal tenu* je ne sais quelle caisse *de deniers publics à Clermont, Département de l'Oise.* Cependant, voici d'autre données sur le personnel d'Olivier Meurine. C'est qu'on le connoit pour tenir à une famille d'honnêtes laboureurs du ci-devant Soissonnois; ancien laboureur lui-même; victime avant la révolution d'un ex-seigneur dont il tenoit les biens à ferme & qui l'a ruiné ; effectivement l'un des braves du siége de la Bastille, reconnu par les premiers volontaires : notamment par *Pierre-Mathieu Parein*, nommé depuis Commissaire national près d'un Tribunal de Paris, & actuellement Commissaire aux armées dans la Vendée, & par *Fournier l'Américain* (qui n'est encore rien & qui mériteroit d'être quelque chose); ayant constamment fait le service comme vainqueur de la Bastille à l'École Militaire en 89 & 90; dénonciateur intrépide des innombrables abus dans la partie des subsistances auprès des *Vauvilliers* & de ses agents intimes, qui étoient ces mêmes personnages par qui Garin se trouve aujourd'hui attaqué : lesquels, ainsi que Vauvilliers lui-même, voulurent cent fois faire taire Olivier Meurine, qui découvroit toutes les turpitudes de l'Administration des Subsistances. Une place lui étoit promise par eux pour prix de son silence, & ils finirent, voyant qu'il étoit incorrigible avec sa manie de vouloir démasquer tout ce qui s'empressoit de pêcher en eau trouble; ils finirent, dis-je, par lui faire entendre ces paroles de la propre bouche de Vauvilliers : *Vous en savez trop pour nous* ; *vous n'aurez point de place.*

Pour faire monnoie de toutes pièces, nos panégiristes ne se contentent pas de parler de tout ce qui tient à Garin dans l'administration des Subsistances. Un individu qui n'y a rien de commun ; un certain Garin, cousin de l'administrateur, mais qui n'est pas celui dont il est parlé plus haut, est aussi appréhendé au corps par ces inexorables qui ne feront grace à personne de la famille. C'est avec l'arme élégante de la prétermission qu'ils le saisissent.

Ils ne parleront pas, difent-ils, *de cet ancien Contrôleur à l'Ecole Militaire, qui étoit détenu à Bicêtre depuis cinq ans, & qui y feroit encore fans la Révolution arrivée fort à propos pour brifer fes fers.* Quelle générofité! Ces gens-là n'ont point dépouillé tous les anciens préjugés, & ils ne reconnoîtront pas de fitôt que les torts font perfonnels. Garin peut-il être refponfable des faits & geftes de tous fes coufins? Et pourquoi n'ont-ils pas rapporté cette fcène paffée entre lui & cet échappé de Bicêtre, (pour fuivre les expreffions de nos détracteurs) où il traita celui-ci d'ingrat & de mauvais fujet, de mauvais fils & de mauvais parent. Garin l'a abandonné depuis, & il ne fait ce qu'il eft devenu.

J'ai exactement fuivi mes deux libelliftes calomniateurs, quant aux perfonnes. Ils rentrent maintenant dans les chofes. Il faut bien encore les y fuivre, malgré tout le dégoût qu'infpire la tâche de remuer des immondices qui font toute l'effence du pamphlet que je réfutes.

Les achats de farine, difent Bouchot & Chaudouet, *que Garin eft obligé de faire faire, doivent être de la première qualité, en conféquence des marchés qu'il a paffés; & cependant ils ont la certitude qu'il y en a des deuxième, troifième, quatrième qualités qu'il a fait payer pour des premières.*

Venez donc vérifier les comptes, vous tous fur l'efprit de qui cette imputation abominable pourroit faire impreffion. Vous y verrez qu'à la vérité toutes les farines achetées par Garin doivent être de première qualité; mais que celles qui font livrées en feconde & troifième qualités, font défignées comme telles & payées en conféquence, c'eft-à-dire, qu'il eft fait aux fourniffeurs des diminutions proportionnelles à toutes les différences de qualité.

Autre inculpation plus profondément atroce. *Il y a dans tes Magafins*, dit-on à Garin, *environ trente mille feptiers d'orge, de feigle : tes agens fans connoiffances t'auront acheté des farines mélangées de cette denrée ; que feras-tu de ces orges dont une partie a beaucoup d'odeur ? Des farines, & quelles farines ! Tu es heureux de ce qu'il n'a pas fait de chaleur ! mais avec ce tripotage, tu as déjà des farines prifes & beaucoup. La fleuraifon des blés va occafionner une fermentation qui, par tes mélanges pernicieux, va gâter, fous huit jours, toutes tes farines, & quel pain vas-tu nous donner ? Du mauvais, &c.*

Voilà une tirade qui préfenteroit de quoi effrayer, fi les déclamateurs qui l'ont fabriquée étoient dignes d'infpirer quelque confiance. Je vais raffûrer mes Concitoyens en mettant la vérité à la place du menfonge. La voici :

Il y a dans les Magafins une quantité d'orge encore en grains, qui va être convertie en farines. Il y a quelque peu de feigle qui fera converti auffi en farine, & a été fourni par un ancien agent de l'adminiftration des Subfiftances, *Léger*, ami très-intime des deux dénonciateurs, & occupant ci-devant une partie des magafins de la rue de Seine. Ces grains n'ont été achetés qu'après en avoir prévenu le Citoyen Maire, le Miniftère public & le Bureau Municipal de la Commune ; & cela, au moment où l'on craignoit Dumourier aux portes de Paris, & où, en conféquence, on croyoit de la très-grande prudence de former l'approvifionnement de tout ce qui fe rencontroit....

Mais ces farines ſont portées ſur les regiſtres pour des farines d'orge & de ſeigle, & non de blé, & les gardes des magaſins ont reçu de Garin, dès les premiers momens, la défenſe de mélanger ces farines d'orge avec celles de blé, avant qu'il ne l'ordonnât, & autrement qu'en ſa préſence. Et quoi qu'en diſent ſes dénonciateurs, Paris apprendra que ſous des Adminiſtrateurs des Subſiſtances auſſi intègres que connoiſſeurs, il eſt poſſible de manger du pain de farine d'orge, mélée à celle du froment & du ſeigle, lorſque les grains ſont ſains, (car il eſt complétement faux que la grande partie de ces grains ait de l'odeur) les moûtures bien faites, & que l'on veille à tout. Il faut être cependant de la dernière vérité. Il eſt arrivé 600 ſeptiers d'orge avec un peu d'odeur, priſe ſeulement dans le bâteau qui les a amenés; c'eſt le nommé *Baude*, qui étoit Garde-Magaſin de la Place aux Veaux, qui les a reçus. Ce Baude eſt, à ce qu'on dit, un ancien Cordonnier; &, comme tel, il devoit avoir peu de connoiſſances en matière de grains & de farines. Dès que Garin vit de ſa part les effets de ce défaut de connoiſſances, ſans le lui imputer à crime & ſans vouloir être injuſte, il ne le laiſſa pas plus long-temps dans une place où les erreurs de l'impéritie peuvent être ſi funeſtes; &, en remerciant Baude (comme il lui avoit reconnu de la probité) il le replaça ſur-le-champ en qualité d'Inſpecteur pour la vente des Charbons. Mais, revenant aux 600 ſetiers de farines d'orge un peu affectés, ces farines ont été remuées, travaillées & ſéchees ſéparément, au point qu'il n'y a plus de différence avec celles qui ont été reçues depuis par Olivier Meurine. Des ignorants en Subſiſtances diront que ces manipulations ne rendent pas la qualité à des matières qui l'ont perdue : mais les connoiſſeurs répondront que des farines qui n'ont contracté qu'un peu d'échauffement, n'ont point, pour cela, perdu leur qualité. Et quant aux êtres délicats à qui il fera peine d'entendre parler de manger du pain partie d'orge, on leur dira que ſi les tems n'étoient point venus auſſi difficiles qu'ils ſe préſentent, ces orges n'auroient même pas été converties en farines, mais bien vendues en grains. Mais, lors qu'on voit Paris en état de ville bloquée depuis deux mois par rapport aux ſubſiſtances ; lorſqu'on voit tous les Départements qui l'environnent, ne plus permettre qu'il y entre un ſeul ſac de grain ou de farine, & arrêter impitoyablement au contraire tout ce que les Boulangers & les Adminiſtrateurs des Subſiſtances ont fait acheter ; lorſqu'on voit d'ailleurs toutes les infâmes manœuvres des fripons intérieurs pour accroître la diſette ; lorſqu'on voit enfin que, depuis ce même terme de deux mois, Paris eſt réduit pour vivre à la ſeule reſſource de ſes magaſins, avec leſquels il ſeroit cent fois mort s'ils fuſſent reſtés avec 2137 ſacs ; (la proviſion d'un jour, comme au tems de la ſortie des Chaudouet & des Bouchot) lors, dis-je, qu'on apperçoit tout cela, il eſt bien permis de ne point taire à Paris qu'il pourra entrer de l'orge dans ſon pain, & que ſes habitants en ſeront très-heureux.

Ils ne périront pourtant pas de famine, comme nos deux ex-bureaucrates oſent leur en donner le ſiniſtre augure. Garin & moi leur en répondons ; & ni moi ni lui ne ferons pas *notre bien-être du malheur public.* Montés tous deux à la Commune ſans fortune, nous en ſortirons plus pauvres

pauvres encore que nous n'y ſommes entrés. Nous ne craignons pas la Loi qui ſoumet à un ſévère examen, l'avoir de tous les fonctionnaires publics, & qui veut que tous ceux qui ſe ſeront enrichis dans leurs places, dégorgent.

Que penſera-t-on de cet autre reproche fait à Garin, *de n'avoir point fait ſes achats, dans les tems de l'année les plus calmes*, & de ces merveilleuſes vues ſur les qualités qui convienneut *à un Adminiſtrateur éclairé*, leſquelles ſont : *de ſavoir profiter des moments favorables, & de veiller à ce que les agents qu'il emploie ſe comportent avec la dernière prudence dans les marchés, pour ne point y cauſer de ſenſation ?*

Garin, entré aux ſubſiſtances à la fin de Février, ne trouvant dans le plus important magaſin, de l'aveu de ſes antagoniſtes, que pour l'approviſionnement d'un jour, a-t-il eu juſqu'à ce jour, dans ſon adminiſtration, des tems calmes, des moments favorables ? Quant à ſes agents pour les achats, ils n'ont jamais été dans les marchés : ce ſont les marchands qui ſont venus conſtamment les trouver. Le principal agent que Garin a trouvé à la Municipalité, eſt ce même citoyen *Léger*, ami des Chaudouet, & je mets au défi pour lui qu'on puiſſe prouver qu'un ſeul Citoyen ſe ſoit préſenté ſur les marchés, directement chargé par lui de les faire.

Ici nous arrivons à l'objection qu'*un Boulanger ne peut diriger une opération auſſi étendue & auſſi délicate*; *qu'il ne connoît que la ſphère étroite de ſon commerce*; *que ſes vues ne ſe portent point au-delà*, *&c.* Sans-culotes, ſentez-vous l'atteinte! L'oreille entière perce ici. Ce ſont des ci-devant &

non des hommes comme vous qu'il faut aux ex-créatures des Vauvillers & compagnie. Mais j'ofe répondre à ces valets, qu'un Boulanger eft, par état, celui qui doit fe connoître le mieux en farines, & que le boulanger Garin eft le premier qui a découvert aux Meûniers le défaut des moutures.

Nos inflexibles tombent enfuite fans crainte fur la mefure d'humanité embraffée par le Confeil Général de la Commune, pour maintenir le pain à 12 fous, en donnant une indemnité aux Boulangers. Ils ont la téméraire dureté de qualifier cela d'*opération défaftreufe pour la ville.* Oui, pour les riches ariftrocrates de la ville, qui en font péniblement le facrifice en faveur de la claffe mal-aifée. Ils ont enfuite la gratitude d'attribuer à Garin feul l'honneur de cette opération, comme s'ils ignoroient que ce fût l'ouvrage de tout le Confeil Général, dicté par des fentiments que feuls des anti-démocrates peuvent ofer critiquer.

Tu achetes, difent-ils encore à Garin, *de toutes parts* ab hoc & ab hac, *fans aucune mefure.*

Cela n'eft point encore vrai. Mon Collégue a mis des bornes dans fes achats. Toutes les fois que les Marchands fariniers ont voulu lui vendre plus cher ou le même prix que les Boulangers achetoient, il a engagé ces Marchands de vouloir bien vendre aux Boulangers, & ils l'ont fait. On adjure à cet égard, la déclaration de la majorité de la partie faine des Boulangers de Paris.

A chaque affertion de leur pamphlet, nos diffamateurs fe trouvent en défaut. Ils ne font pas plus heureux quand ils interpellent Garin de leur dire, *pourquoi les achats faits par lui & par Vautrain* (qu'il font toujours fon oncle) *ont-ils toujours été au-dessus du cours de la Halle?*

Non donc. Les farines de la Halle étoient si peu dans le cas de pouvoir régler le cours du prix des achats, que les farines de la Municipalité se vendoient, deux & trois jours plus tard, au prix du commerce, afin qu'on n'imputât pas à l'Administrateur la cause du surhaussement. Il est encore faux que Garin ait jamais acheté plus haut que le cours. Et quand ce seroit! Ne trouveroit-il pas mille fois son excuse dans le motif de la déplorable pénurie où il a trouvé les magasins à son entrée en fonctions? On n'oublie pas que Chaudouet & Bouchot affirment eux-mêmes qu'ils ont laissé celui de la rue de Seine réduit à un jour de subsistances.

Ci-devant, disent-ils encore à Garin, *le Marchand préféroit de vendre à la Ville à 40 sous & 3 livres au-dessous du cours*, *& il avoit raison*; parce qu'*à la Ville il étoit assuré d'être payé comptant*, *& il ne pouvoit pas craindre de rien perdre :* au lieu qu'*à la Halle*, *souvent il est obligé d'attendre trois semaines ou un mois après les fonds & il peut perdre. Il résulte delà*, continuent-ils, *que le prix de tes achats*, *pour avoir été porté beaucoup au-dessus de ceux de la Halle*, *peut avoir occasionné à la Ville une perte de 500 mille livres.*

Il est encore une fois faux, que le Marchand ait jamais vendu à la Municipalité à meilleur marché que le cours, ou bien, une pareille générosité de leur part, seroit méritoire, si, par la négligence ou le peu de connoissance des anciens Gardes-Magasins, il ne leur avoit pas été loisible de livrer les qualités qu'ils vouloient. Il étoit aisé qu'ils fissent de tels sacrifices, quand, d'un autre côté, on pouvoit leur laisser à gagner jusqu'à 10 liv. par sac.

Tu as cru faire des miracles, pourſuivent-ils, *avec les farines en boulange, ou à la groſſe, que tu as achetées preſque auſſi cher que les farines finies dont le travail à la bluterie portera le prix à un taux exhorbitant, peut-être de moitié au-delà de ce qu'il reviendrait dans un moulin.*

Mon Collégue m'a dit ne pas croire aux miracles, conſéquemment il n'a pu prétendre d'en faire. Les farines à la groſſe n'ont été achetées qu'à l'époque encore où Dumourier menaçoit d'entrer ſur notre territoire, & nous nous félicitons beaucoup d'avoir fait ces achats; parce que, dans les préſents moments de criſe, où les Départements, depuis plus de ſix ſemaines, tiennent notre ville bloquée pour les ſubſiſtances, il n'y a plus que ces farines à la groſſe qu'on laiſſe venir à Paris, graces à ce que les habitans des communes des Campagnes n'ont pas les uſtenciles propres à extraire le ſon de ces mêmes farines. Quant au travail de la bluterie, il n'eſt pas ſi exorbitamment coûteux que ſe plaiſent à le raconter nos exagérateurs ſur tous points & articles. Tous les outils propres à cette manipulation, étoient établis dans les magaſins par la Municipalité, avant Garin & moi, & ce n'eſt poſitivement que la continuation d'un procédé adopté & ſuivi par les précédents adminiſtrateurs.

Ne perdons pas encore courage, & avançons :

Il t'a été fort indifférent de faire monter la farine de 60 à 100 livres, & même juſqu'à 110 livres, & de donner 30 à 38 livres d'indemnité au Boulanger; tu perds, par mois, ſur cet objet ſeul, plus de deux millions. Eh! qui a profité des 6 millions & plus de perte que tu as payés au Boulanger? Ce n'eſt pas lui, c'eſt le Fermier.

A vous entendre, meſſieurs les Conjurés, on pourroit croire que nous ſommes encore ſous le gouvernement le plus deſpotique, & que Garin en eſt le Viſir plénipotentiaire. Eſt-ce donc lui qui a établi l'indemnité d'où s'eſt enſuivi l'augmentation dont vous parlez? Eſt-ce même lui qui l'as ſollicitée? Non, & tous ceux qui ont ſuivi les ſéances de la Commune, ſe reſſouviendront qu'il a combattu cette meſure en développant les inconvénients qu'il prévoyoit qui en réſulteroient. Le Conſeil Général ne fut point arrêté par ſes obſervations, parce que la conſidération d'humanité, envers la claſſe indigente, l'emporta ſur toutes les autres. Si ce n'eût pas été un auſſi beau motif qui eút conduit le Conſeil-Général, Garin l'a cent fois déclaré, il ſe fût cru en droit de dénoncer à toutes les Sections du peuple de Paris, combien cette meſure étoit ruineuſe pour cette Ville, & combien elle entraîneroit de mauvais réſultats à ſa ſuite.

Qu'as-tu opéré de bon? Des inſurrections par-tout, en privant même les habitans de la campagne de l'orge que tu leur as enlevée pour en nourrir les habitans de Paris.

Partiſans du vieil homme! vous êtes donc inconvertibles? Il y a quelques années qu'un tel ſot propos eût pu faire fortune dans ce pays-ci. La badauderie pariſienne fût tombé d'accord que les habitans de cette bonne ville n'étoient point faits pour ſe nourrir comme ceux des campagnes, & que, même en cas de diſette, l'orge n'étoit bonne que pour ces derniers.

Lorſque tu as vu que la farine alloit monter de 150 à 200 livres le ſac, tu as ſollicité le maximum, *tu as aſſujetti le le Fermier à ne vendre que ſur les marchés; mais ces marchés feront toujours infuffifants*, &c. (Nos épilogueurs entrent ici dans le détail des différents inconvénients de la Loi du *maximum*).

Nos libelliftes font peut-être les feuls vivants de la République qui aient accufé Garin d'avoir été le provocateur du Décret du *maximum*. Où eft la démarche, où eft l'opinion manifeftée qui puiffe le faire croire? J'ai toujours vu Garin de l'avis de tous les hommes les mieux penfants à cet égard. Il étoit, avant la Loi, effrayé comme eux de l'énorme cherté des grains & farines, & il fentait, dans ce tems-là comme depuis, que le *maximum* pourrait avoir un très-bon effet, fi, au lieu d'en laiffer la fixation prefque à l'arbitraire des Adminiftrations de Départements, la Convention Nationale l'avoit fixé elle-même, avec égard aux motifs qui devoient néceffairement le faire différencier d'un endroit à un autre : & qu'on n'y eût pas ajouté toutes ces entraves, qu'on a pris pour de la prudence, lefquelles, fi la Loi n'eft promptement modifiée, produiront infailliblement la difette, (& nous en approchons trop, hélas!) malgré l'exceffive quantité de grains exiftants dans la République *.

---

* Voici la modification que nous croirions la plus falutaire : L'Article XIV de la Loi du 4 Mai prefcrit au Miniftre de l'Intérieur d'*addreffer aux Départements dans lefquels il exifte un excédent de Subfiftances, les réquifitions néceffaires pour approvifionner ceux qui fe trouvent n'en avoir point une quantité fuffifante*. Il eft certain que cette mefure feroit la feule efficace, que fi elle étoit parfaitement remplie, la difette ne pourroit plus fe faire fentir nulle part. Eft-il donc fi difficile d'en atteindre le but, & pourquoi ne travaille-t-on pas avec tout le zèle néceffaire à y arriver? Approvifionner les Départements, qui n'ont point affez de Subfiftances, de ce qui leur manque pris dans les Départements qui en ont trop, c'eft une opération qui fuppofe deux connoiffances préalablement acquifes; l'une, de la quantité de blé contenue dans chaque Département; l'autre, de la quantité néceffaire à la

Auſſitôt que les premiers dangers occaſionnés par cette loi ſe ſont manifeſtés, & que l'Adminiſtration des Subſiſtances de Paris en a reçu les atteintes, Garin & moi nous dénonçâmes au Miniſtre de l'Intérieur tous les faits qui nous étoient parvenus, ſpécialement les arrêtés de Directoires de Diſtricts & de Départements, qui, par des dérogations coupables à la loi que l'on feignoit de trouver obſcure & d'avoir beſoin d'interprétation, s'oppoſaient à la libre circulation du commerce des grains & farines, & autoriſaient les Municipalités à faire l'arreſtation de tout ce qui ſe préſentoit pour vouloir ſortir de l'enceinte de leur territoire; principalement lorſqu'il s'agiſſoit de l'approviſionnement de Parts: malgré que les formalités exigés par la loi, pour commercer librement, aient été remplies. Le Miniſtre, qui a ſeul l'autorité ſur toutes les Adminiſtrations, qui eſt chargé de faire exécuter la loi, & qui a tous les moyens de force pour cela, ne fit point reſpecter le Décret du 4 Mai. Il vit de ſang-froid l'approviſionnement interrompu pour Paris, & cette ville condamnée à jeûner quand ſes magaſins immenſes, qui ſont

---

conſommation des habitans qu'ils renferment chacun. Qui empêche donc d'acquérir cette double connoiſſance? Pourquoi le Miniſtre, à qui la Loi ordonnoit implicitement (*car qui veut la fin veut les moyens*) de preſſer & d'aſſurer l'exécution des opérations qui devoient la procurer, eſt-il demeuré tranquille & inerte? On apperçoit que ce n'eût été qu'un ſimple calcul arithmétique. En faiſant, auſſitôt après, dans les Départements poſſeſſeurs d'excédents, les réquiſitions à chaque Commune de tenir prête à céder, aux prix du *maximum*, la quantité exédente; & en rendant chaque Municipalité garante de la conſervation pour ſes habitans de la quantité qui lui ſeroit reſtée, (laquelle eût formé juſte la portion néceſſaire à ſa conſommation) ne fût-on pas parvenu à déjouer toutes les intrigues, à ne plus laiſſer de faux-fuyants à la mal-veillance & à l'accaparement, à aſſurer l'approviſionnement général, & à réprimer, d'une manière invincible, la cupidité du Propriétaire, en le réduiſant à l'impoſſible d'éluder le *maximum*?

toute ſa reſſource actuelle, ſeront épuiſés. Telle eſt notre ſituation préſente, qui ne ceſſera qu'alors que le pouvoir exécutif voudra marcher & ordonner ſérieuſement l'obéiſſance à la loi : car, nous Adminiſtrateurs, nous ne pouvons rien dans cette circonſtance, notre ſurveillance & notre autorité étant bornées dans les limites des murs de Paris.

Voyons encore cet autre reproche fait à Garin : *Qu'il veut du ſecret dans ſes opérations, & qu'il provoque des arrêtés de la Municipalité, pour interdire à toutes les Sections l'entrée des magaſins.* Peut-on ſuppoſer la Municipalité capable de ſe laiſſer conduire, ſans connoiſſance de cauſe, par le citoyen Garin ? S'il a provoqué d'elle des arrêtés, on ne peut ſans l'injurier poſer l'hypothéſe qu'elle les eût rendus ſans connoître qu'il étoit utile au bien public de les rendre. Le motif de l'interdiction de l'entrée des magaſins fut le grand intérêt d'empêcher le Marchand de ſpéculer ſur les beſoins de Paris, en acquérant la connoiſſance de la quantité de farines compoſant l'approviſionnement général, & en calculant le terme où il pourroit finir. Ce motif fut autant péſé & apprécié par le Corps Municipal entier, que par Garin tout ſeul. D'ailleurs, les arrêtés en queſtion étoient plus anciens que lui dans l'Adminiſtration, & il ne fit que les faire renouveller. Il eût enſuite la délicateſſe, d'inviter le Corps Municipal de ne point vouloir qu'on s'en rapportât après cela à lui ſeul, ou même à lui & à ſon collègue, pour connoître ſucceſſivement l'état des magaſins : il demanda que l'on en fît faire régulièement la viſite une fois par mois, & cela a été exécuté.

Ils ſont choqués, nos hommes ! de ce que Garin a oſé

s'énorgueillir

s'énorgueillir d'avoir porté partout *la hache destructive des abus.* Je ne vois effectivement pas qu'il ait fait grace à aucun de ceux qui sont venus à sa connoissance. Et dernièrement encore, je fus de moitié avec lui, pour donner congé au nommé *Thierry*, employé aux sacs vides du magasin rue de Seine, pour avoir été pris sur le fait à jetter dans la voiture de la meûnière du citoyen Léger (une certaine *dame* Dupille de Gonesse) deux sachées de sacs neufs non-marqués, contenues dans deux sacs marqués au nom de la Dupille. — Autre fait. Ils s'agitent *sur le sort d'un Employé, le seul qui ait été conservé au magasin de la rue du Temple*; *mais dont les fonctions, qui étoient ci-devant de tenir un registre de ce qui entroit au magasin & de ce qui en sortoit, ont été commuées en celles de Portier.* Le compte de ce qui entre & de ce qui sort est tenu par le Garde-Magasin lui-même; l'Employé dont on parle est vieux & peu apte aux talents de scribe; au reste Garin ne lui défend pas encore d'écrire ce qu'il veut; il ne lui a fait aucun tort, il a respecté sa vieillesse, & lui a conservé ses appointements. Qu'a-t'on encore à dire?

Ils sont en outre scandalisés d'une prétendue inculpation faite par Garin aux Administrateurs antérieurs (dont ils ont été plus contents que de lui) inculpation par laquelle ils veulent que Garin ait dit *que ces Administrateurs antérieurs avoient empoisonné Paris.* Garin n'a pas proféré mot de cela. Il a seulement écrit à Marat, (& sa Lettre, datée du 10 Mai, a été affichée par tout) ces propres paroles: *Tu devrois savoir, Marat, que le Citoyen qui succède à des Administrateurs qui en savaient trop pour être Administrateurs des subsistances, & qui n'avoient aucune des connoissances nécessaires à cette Administration, a trop d'abus à détruire pour n'avoir pas d'ennemis.*

Notre ſupplice va bientôt finir. J'avance dans ce dédale d'abſurdes calomnies, & j'apperçois bientôt la porte pour en ſortir. Dépêchons donc ce qui nous reſte.

Les diffamateurs invitent les Sections *de ne pas perdre de vue que Garin & ſa famille ſont employés dans l'Adminiſtration des ſubſiſtances.* Eh bien, j'affirme que Garin n'a, dans cette Adminiſtration, qu'un ſeul parent, dont j'ai expoſé plus haut les raiſons qui ont déterminé le Corps Municipal à l'y protéger. Et je dois rappeller ici que lors de ſon entrée en fonctions de Garde-Magaſin de la rue de Seine, conjointement avec le Contrôleur, ils ont conſtaté, dans les farines arrivées ce jour là, douze cents & tant de livres de faux poids, découverte dont ſemblable n'avoit point été faite pendant les 3 ou 4 mois de la geſtion de Chaudouet & de Bouchot, ſous l'adminiſtration de Garin : ce qui prouve que le dégré de parenté n'a pas influé dans ce début, d'une manière préjudiciable à la Commune,

C'eſt encore pour couronner un menſonge, que les deux acolytes invitent les Sections *de prendre en conſidération leurs idées au ſujet de l'Adminiſtration des ſubſiſtances, & de ſuivre en cela ce que font les plus fortes villes de la République, notamment Lyon.* La réponſe va être courte : A Lyon, il y a une Adminiſtration des ſubſiſtances, préciſément à l'inſtar de celle de Paris.

Puiſque nous avons eu tant de courage, il faut répondre juſques ſur le *Nota benè* de nos honnêtes-gens. Ils y font mine d'être très-ſenſibles à l'injure du terme *chaſſer*, que Garin a employé contre eux dans ſa courte première réponſe. Mais n'a-t-on pas aſſez vu, dans le cours de cet écrit, qu'ils étoient trop dignes qu'on n'en employât pas d'autre,

& qu'il n'en eſt point dans la langue qui exprime mieux la ſeule eſpèce de congé à intimer à des individus de ce mérite.

Ils ont mis au défi qu'on leur répliquât au tableau effrayant d'accuſations dirigées contre l'adminiſtrateur Garin. Ils ſe ſont flattés apparemment que la ſurcharge des couleurs noires dont ils ont pris à tâche de le couvrir, rebuteroit d'oſer l'aprocher. Ils ſe ſont trompés. Aucun dégoût ne m'a coûté, en me repréſentant qu'il s'agiſſoit d'une juſtification due à un digne confrère, dont j'ai trouvé toutes les parties de l'adminiſtration, à meſure que je les ai vérifiées & comparées, plus louables les unes que les autres. Je crois avoir prouvé, juſqu'au dernier dégré de démonſtration, que tous les griefs des deux libelliſtes Bouchot & Chaudouet, ſont autant de perfides impoſtures, & je ne penſe pas qu'il en ſoit une ſeule que je n'aie réfuté victorieuſement. Que ceux de mes concitoyens qui en auroient pu trouver quelques unes ſpécieuſes, les aprécient maintenant toutes à leur juſte valeur, & qu'ils rendent à celui qu'elles frapent toute la juſticeque j'aime à lui rendre. J'ai ſcruté ſa conduite adminiſtrative. J'ai vu, viſité; je viſites, je vois journellement les magaſins, les bureaux.... J'ai remarqué dès mon entree, & je remarque toujours; dans les premiers, la propreté, la ſalubrité; & partout, la bonne tenue, l'ordre, & tout ce qui caractériſe une excellente adminiſtration.

Signé, DEFAVANNE.

Paris, 6 Juillet, l'an 2e de la République Françoiſe.

De l'imprimerie de LOTTIN, rue de Jéruſalem, Cour de la Sainte Chapelle, 1793.

www.ingramcontent.com/pod-product-compliance
Ingram Content Group UK Ltd.
Pitfield, Milton Keynes, MK11 3LW, UK
UKHW032020260826
14628UKWH00006B/2621

9 782013 283076